노경실 선생님이 들려주는
사회 재난 안전

노경실 선생님이 들려주는
사회 재난 안전

ⓒ 2020 노경실

1판 1쇄 펴낸날 | 2020년 12월 24일
2판 1쇄 펴낸날 | 2024년 7월 15일

지은이 | 노경실
그린이 | 조아영
펴낸이 | 양승윤

펴낸곳 | (주)와이엘씨
출판등록 | 1987년 12월 8일 제1987-000005호
주소 | 서울특별시 강남구 강남대로 354 혜천빌딩 15층 (우)06242
전화 | 02-555-3200
팩스 | 02-552-0436
홈페이지 | www.aladinbook.co.kr

Social Disaster Safety
by Noh Kyeong-sil

Copyright ⓒ 2020 by Noh Kyeong-sil
Printed in KOREA

값 13,000원
ISBN 978-89-8401-742-9 74810
ISBN 978-89-8401-724-5 74810(세트)

알라딘 북스는 (주)와이엘씨의 아동 전문 출판 브랜드입니다.

① 품명 : 노경실 선생님이 들려주는 사회 재난 안전
② 제조자명 : 알라딘북스
③ 주소 : 서울시 강남구 강남대로 354
④ 연락처 : 02-555-3200
⑤ 제조년월 : 2024년 7월
⑥ 제조국 : 대한민국
⑦ 사용연령 : 7세 이상
⑧ 취급상 주의사항
 • 종이에 베이지 않도록 하세요.
 • 책의 모서리가 날카로우니 던지거나 떨어뜨려 다치지 않도록 주의하세요.
⑨ KC마크는 이 제품이 공통안전기준에 적합하였음을 의미합니다.

공통안전기준 표시사항

노경실 선생님이 들려주는

사회 재난 안전

글 노경실 | 그림 조아영

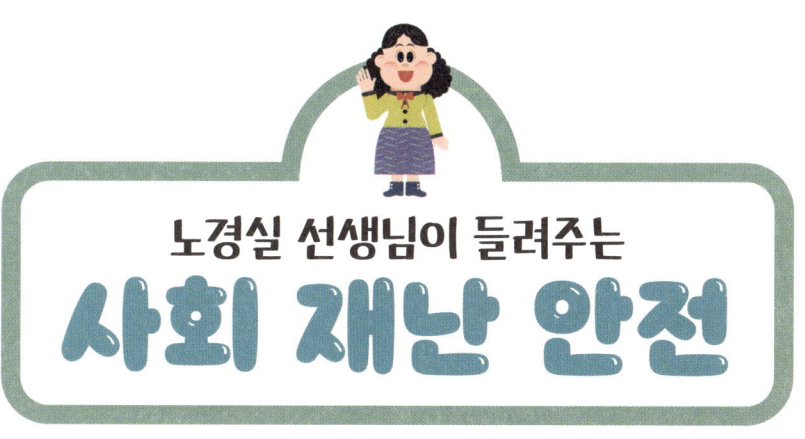

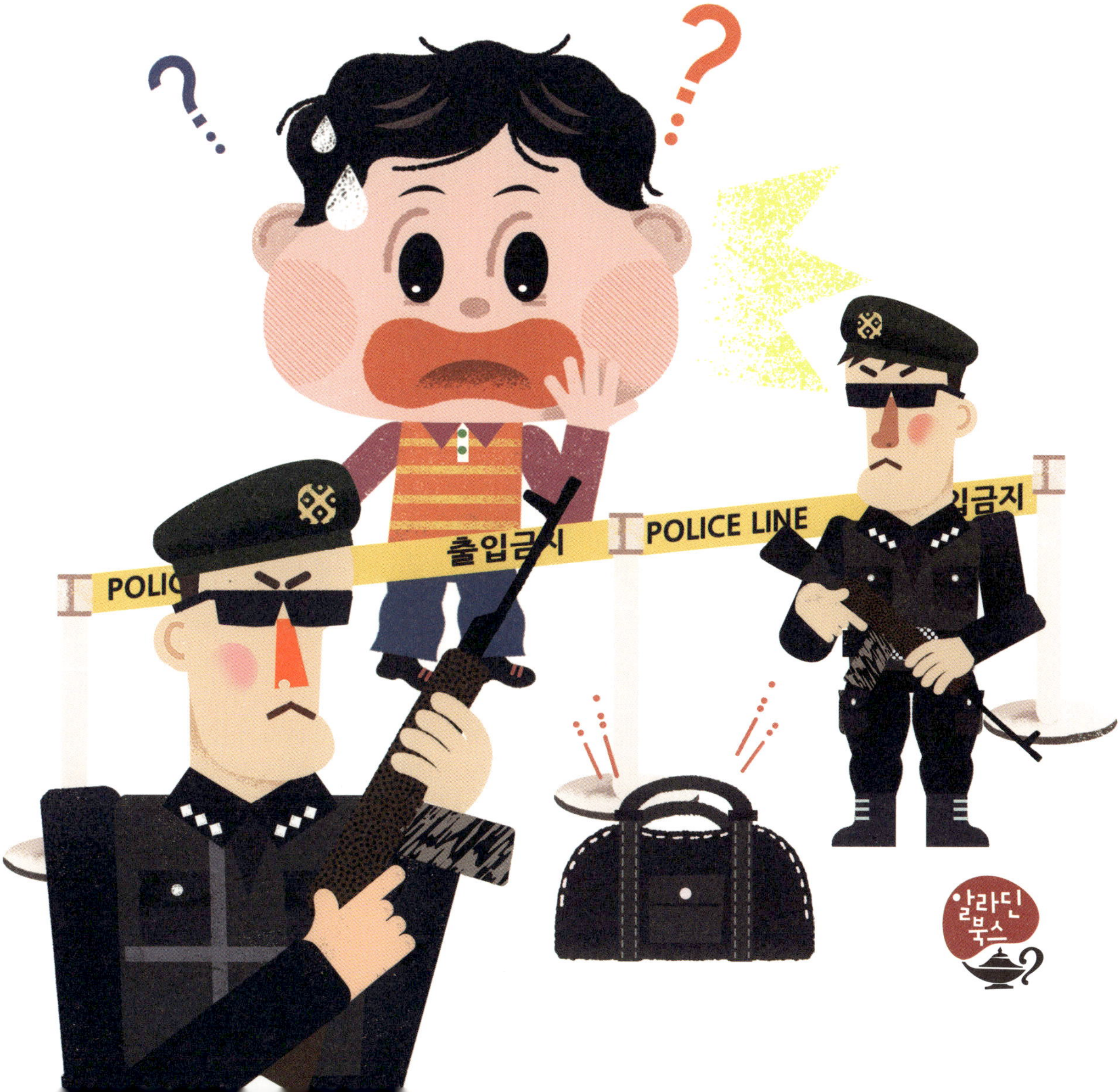

알라딘 북스

머리말

안전한 생활이
안전한 미래를 만들어요!

　나의 어린 시절을 생각하면 지금은 말 그대로 꿈같은 세상입니다. 24시간 아무 때나 서로 얼굴을 보며 전화를 할 수 있지요. 궁금한 것이 있으면 손에 들고 있는 스마트폰을 통해 바로바로 찾아볼 수도 있습니다. 먹고 싶은 것은 언제 어디서고 배달 서비스를 받을 수 있어요. 편리해진 우리의 생활을 다 이야기하자면 일주일도 넘게 걸릴지 모르겠어요. 그중에서도 가장 큰 변화는 아마도 인공지능일 거예요. 영화에서만 보던 로봇이 우리를 위해 일하는 세상이 되었으니까요.

　그런데 참 이상하지요? 날마다 새로운 기술, 첨단 제품들이 나오는데 왜 세상은 더 위험해지고 있는 것일까요? 아마 가장 큰 이유는 너무나 복잡해지고, 정신없이 빠르게 움직이는 사회 구조 때문일 거예요. 그러기에 지금 우리에게 안전한 환경을 만드는 것은 정말 중요합니다. 특히 어린이에게는 가정에서도, 학교에서도 안전 교육이 꼭 필요합니다. 안전은 '말'이나 '생각'만으로 되는 것이 아닙니다. '올바른 앎' 즉, 지식이 있어야 합니다. '아는 만큼 보고 아는 만큼 이해한다'는 속담을 기억하나요? 안전 문제도 마찬가지입니다. 아는 만큼 내 안전을 잘 지킬 수 있습니다. 책과 교육을 통해 정확하고 올바른 안전 지식을 가져야 합니다.

나는 '어린이 안전 동화 시리즈'를 통해 어린이들에게 나를 안전하게 지키는 것은 나의 생명과 건강을 보호하는 것이며, 나의 멋진 미래를 가꾸는 첫걸음이라는 것을 알려 주고 싶습니다.

그리고 이것이 바로 나를 사랑하는 사람들에게 가장 큰 기쁨과 선물이라는 것을 잊지 않기를 바랍니다. 언제나 어린이들과 강아지들과 함께하는 나는, 이 책이 어린이들의 행복하고 안전한 생활의 든든한 친구이자 선생님이 되길 소망합니다.

햇살 눈부신 아침,
일산 흰돌마을에서

노경실

차례

머리말 4

공공시설 안전
밀지 마, 넘어질 것 같아! 9

야외 화재 안전
밖에서는 어디든 괜찮다고요? 22

전염병 안전
바이러스를 물리치자! 34

실내 화재와 소화기 안전
작은 일부터 조심조심 48

테러 안전
우리나라를 지켜 주세요! 60

공공시설 안전

밀지 마, 넘어질 것 같아!

토요일 아침, 오늘은 친구들과 공연장에 가기로 한 날입니다. 진서는 아침밥을 먹자마자 서둘러 외출 준비를 했습니다. 좋아하는 아이돌 가수가 출연하는 뮤지컬이라 며칠 전부터 잠도 설쳤습니다.

"진서야, 이모랑 꼭 같이 다녀야 해."

"진서야, 아무리 좋아도 뛰지 말고……."

엄마와 아빠는 걱정스런 마음에 여러 번 주의를 주었습니다.

"네네, 알았어요. 다녀오겠습니다!"

진서는 설레는 마음에 대답도 하는 둥 마는 둥 하며 신나게

집을 나섰습니다.

"진서야!"

아파트 단지 앞에서 기다리던 찬미와 영지가 손을 흔들었습니다.

진서는 친구들과 함께 이모가 기다리는 지하철역으로 갔습니다. 세 아이 모두 얼굴에 미소가 가득했습니다.

"이모!"

진서가 이모를 발견하고 달려갔습니다. 찬미와 영지도 뒤따라 뛰어왔습니다.

"얘들아, 이제부터 이모 잘 따라와야 해. 알았지?"

"네!"

이모의 말에 아이들이 합창하듯 큰 소리로 대답했습니다.

지하철을 타고 공연장에 도착하자, 이모는 아이들을 데리고 공연장 뒤쪽으로 갔습니다.

"이모, 여긴 왜? 공연하는 데는 저쪽인데?"

진서가 어리둥절한 표정으로 물었습니다.

"응, 어느 건물에 가든 제일 먼저 비상구가 어디 있는지, 소화기는 어디에 있는지 살펴보는 습관을 가져야 해. 공연 시작까지 시간이 있으니까 우리 같이 찾아보자."

아이들은 이모를 따라 비상구부터 찾았습니다.

비상구는 계단 쪽에 있었습니다. 초록색 푯말에 '비상구'라고 적혀 있었고, 영어로 'EXIT'라고 함께 쓰여 있었습니다.

한쪽 벽에는 각 층마다 불이 나거나 위험한 일이 생겼을 때, 안전하게 대피하는 길과 여러 개의 비상구 안내도가 그려져 있었습니다.

"와, 이런 건 처음 봐요."

"영화나 연극을 보러 갈 때도 꼭 살펴볼게요."

"학교에 가면 비상구가 어디 있는지도 찾아봐야겠어."

세 아이는 마치 보물 지도를 보는 것처럼 비상구 안내도를 자세히 들여다보았습니다.

"얘들아, 이번에는 비상 소화기를 찾아보자."

아이들은 비상구 안내도에 있는 비상 소화기 위치를 자세히 살펴보았습니다.

"이모, 그동안 공연장이나 영화관에 가면 구경만 했는데, 위

험한 일이 생기면 이게 큰 도움이 될 것 같아."
"맞아, 나도 앞으로는 꼭 미리 살펴볼래."
"나도!"
진서의 말에 찬미와 영지도 기다렸다는 듯 다짐했습니다.

드디어 공연이 시작되었습니다. 진서와 친구들은 이모와 함께 2층 좌석에 앉았습니다.
"와, 꿈같아!"
"정말 멋지다!"
화려한 무대, 등장인물들의 멋진 옷차림, 신나는 음악과 쉴 틈 없이 벌어지는 춤 장면에 진서와 친구들은 물론 모든 관람객들이 감탄의 함성을 질렀습니다. 박수도 끊이지 않았습니다.
어느새, 1부 공연이 끝나고 잠시 휴식 시간이 되었습니다. 화장실에 다녀오던 길에 진서와 영지는 음료수를 샀습니다.
"애들아, 공연장에 들어가기 전에 다 마시고 들어가야 해. 흘릴 수가 있거든."
"네!"

이모의 말에 진서와 영지가 대답했습니다.

다시 2부 공연이 시작되었습니다. 1부 때보다 더 요란하고 화려한 춤과 노래가 펼쳐졌습니다. 일어나서 박수를 치며 공연을 즐기는 사람들도 있었습니다. 신이 난 진서와 친구들도 자리에서 일어났습니다. 그때였습니다.

"앗! 차가워! 누구야?"

영지 앞자리에 앉은 아주머니가 소리를 질렀습니다.

"죄, 죄송해요……."

공연이 시작되자 급한 마음에 영지가 마시던 음료수를 들고 공연장에 들어왔는데, 실수로 놓치면서 아주머니 쪽으로 쏟아진 것입니다.

당황한 영지는 어쩔 줄 몰라 하며 울먹였습니다.

이모는 영지를 대신해서 아주머니에게 연거푸 사과를 했습니다. 다행히 아주머니가 이해해 주어 잘 해결되었지만 아이들과 이모는 불편한 마음에 남은 공연을 재미있게 즐기지 못했습니다.

공연을 마치고 나올 때도 아이들은 풀이 죽어 있었습니다.

특히, 영지는 고개까지 푹 숙이고 말이 없었습니다. 그때였습니다.

"팬 사인회 한대!"

사람들이 소리를 지르며 아래층으로 뛰어 내려가기 시작했습니다.

"팬 사인회? 그럼 내가 좋아하는 가수도 있겠네!"

"우리도 가 보자!"

순간, 진서와 찬미, 풀이 죽어 있던 영지도 사람들을 따라 아래층으로 뛰어 내려갔습니다.

"진서야! 애들아! 계단 조심해!"

놀란 이모가 뒤따라오며 소리쳤습니다.

하지만 그 순간 아이들의 귀에는 아무 소리도 들리지 않았습니다.

무조건 빨리 뛰어가 줄을 서야겠다는 생각뿐이었습니다. 그런데 그때, 짧은 비명 소리가 들렸습니다.

"으악!"

이모는 누구의 목소리인지 금세 알 수 있었습니다.

"진서야!"

놀란 이모가 사람들을 헤집고 달려가 진서를 안았습니다.

진서가 사람들에 밀려 계단에서 넘어진 것입니다. 만약 앞에 있던 아저씨가 중간에서 잡아 주지 않았다면 진서는 그대로 계단을 굴렀을 아찔한 상황이었습니다. 다행히 진서는 무릎과 손등에 작은 상처만 생겨서 공연장 안에 있는 보호실에서 치료를 받았습니다.

집으로 돌아가는 지하철 안에서 이모는 다시 한번 주의를 주었습니다.

"사람들이 많이 모이는 곳에서는 특히 안전에 신경을 써야

해. 나뿐만 아니라 다른 사람들까지 다치는 큰 사고로 이어질 수 있거든. 오늘 중요한 거 많이 배웠지?"
"네……."
공연장에 갈 때만 해도 조잘조잘 떠들었던 아이들은 집으로 돌아오는 지하철 안에서는 아무 말이 없었습니다.

안전이 최고야!

🌱 문제를 잘 보고 알맞은 곳에 스티커를 붙여 보세요.

1 비상구는 무엇을 하는 문일까요?

㉮ 매점이나 식당에 갈 때 나가는 문이에요.

㉯ 갑작스런 사고가 났을 때, 대피하는 문이에요.

2 공공시설에 오면 제일 먼저 할 일은 무엇일까요?

㉮ 비상구와 소화기가 어디 있는지 확인해요.

㉯ 먹을 거 파는 곳부터 알아두어요.

3 공연장에서 음료수를 마셔도 될까요?

㉮ 뚜껑을 열어 두고 언제든지 편히 마셔요.

㉯ 공연할 때는 뚜껑을 꼭 닫고, 가방에 넣어요.

4 사람이 많은 곳에서는 어떻게 해야 할까요?

㉮ 부모님이나 선생님과 함께 행동해요.

㉯ 내 마음대로 신나게 돌아다녀요.

5 사인회에 가면 어떻게 해야 할까요?

㉮ 내 앞에 줄 선 사람들을 밀치고 앞으로 나가요.

㉯ 내 차례를 지키며 순서를 기다려요.

노경실 선생님의 '공공시설 안전' 이야기

　예전과 달리 요즘 어린이들은 많은 공연을 즐길 수 있어요. 그래서 휴일이면 전국에 어린이들을 위한 각종 공연들이 열리지요. 또, 좋아하는 연예인을 만날 수도 있어서 어린이뿐 아니라 청소년, 어른들 모두 공연장을 즐겨 찾기도 하지요. 사람들이 많이 모이는 곳에서는 차례 지키기, 천천히 움직이기 등 아주 사소한 일들을 지키지 않으면, 즐거운 시간을 망칠 수 있어요. 뿐만 아니라, 사고로 이어지는 위험한 일도 생길 수 있으니 조심해야 한답니다.

정답 ① 가지 나 / ② 나지 가 / ③ 가지 나 / ④ 가지 나 / ⑤ 나지 가

야외 화재 안전

밖에서는 어디든 괜찮다고요?

　오늘은 민구네가 캠핑을 가는 날입니다. 민구 아빠는 아무리 바빠도 두 달에 한 번씩은 꼭 캠핑을 가기로 아이들과 약속했습니다. 자동차 앞자리에는 아빠와 엄마가 앉고, 민구와 여동생 민지는 뒷자리에 나란히 앉았습니다.
"아빠, 출발!"
두 아이는 운전을 맡은 아빠를 향해 외쳤습니다.
드디어 자동차는 강원도로 가는 고속도로로 들어섰습니다.
"오늘 날씨 정말 좋다. 상쾌한 바람 좀 쐬야겠어."
엄마가 창문을 반쯤 내렸습니다.

"와, 시원하다!"

자동차 안으로 시원한 바람이 한꺼번에 밀려 들어왔습니다. 그때였습니다.

"으악! 앗, 뜨거워!"

엄마가 비명을 지르며 두 손으로 얼굴을 감쌌습니다.

"무슨 일이야?"

깜짝 놀란 아빠가 근처 휴게소에 급히 차를 주차했습니다.

민구와 민지는 놀란 마음에 아무 말도 못하고 얼음이 되었습니다.

"여보, 괜찮아?"

엄마는 그제야 천천히 고개를 들었습니다.

엄마의 오른쪽 눈 주위가 빨갛게 부어 있었습니다.

알고 보니 앞에서 달리던 자동차 운전자가 담배꽁초를 창밖으로 던진 것입니다. 바람에 날린 담배꽁초가 민구네 자동차 창문 쪽으로 날아오면서 엄마 얼굴에 화상을 입힌 것입니다. 만약 눈에 맞았다면 더욱 큰 사고가 날 뻔한 위험한 상황이었습니다.

아빠가 자동차에 있는 블랙박스를 확인해 보니, 모두 촬영이 되어 있었습니다. 아빠는 녹화된 블랙박스를 신고해서 운전자가 벌금을 내도록 했습니다.

 민구와 민지는 작은 담배꽁초 하나가 얼마나 위험한지 깨닫게 되었습니다. 민구네 가족은 놀란 가슴을 쓸어내리며 다시 캠핑장으로 향했습니다.

 캠핑장은 놀러 온 가족들로 북적였습니다. 민구네는 얼른 음식 준비부터 시작했습니다. 불을 피워서 요리하는 장소는 한 곳에 따로 정해져 있었습니다. 엄마와 아빠가 요리를 하는 동안 민구와 민지는 캠핑장 안을 이곳저곳 구경했습니다.

"오빠, 저 사람들은 왜 저기서 불을 피우지?"

 민지가 가리킨 캠핑장 구석에서 몇몇 어른들이 모여 고기를 굽고 있었습니다. 캠핑장 규칙을 어긴 것입니다.

 하지만 민구는 아무 말도 할 수 없었습니다. 모두 어른들이었기 때문입니다. 괜히 나섰다가 오히려 혼날 것 같아 겁이 났습니다. 게다가 몇몇 어른들은 술에 취한 것 같았습니다.

"민지야, 아빠한테 가서 얘기하자."

"응, 오빠."

그때였습니다. 불 옆에 서 있던 아저씨가 술이 취했는지 비틀거리더니 고기를 굽는 불판을 쓰러뜨렸습니다. 그 바람에 옆에 있던 상자에 불이 붙었습니다.

"으악!"

"어머, 어떡해!"

"웬일이야!"

주변에 있던 어른들이 너도나도 비명을 질렀습니다.

사람들이 불을 끄려고 허둥대고 있을 때, 캠핑장 주인아저씨가 달려와 소화기를 뿌렸습니다. 다행히 넘어진 아저씨는 빨리 피해 크게 다치진 않았지만 한쪽 다리를 삐끗했는지 절뚝거렸습니다. 캠핑장 주인아저씨는 캠핑장 규칙을 어긴 어른들을 집으로 돌려보냈습니다.

한바탕 소동이 벌어진 뒤, 사람들은 더욱 불조심을 하게 되었습니다.

민구네 가족은 맛있게 저녁 식사를 하고 텐트 앞 의자에 앉아서 밤하늘 별을 보며 즐거운 시간을 가졌습니다.

"아함, 졸려. 아빠, 나 잘래요."

"그래, 다들 이제 그만 자자."

민지가 길게 하품을 하자, 모두 자리에서 일어났습니다. 그때, 어디선가 폭죽 터지는 소리가 들렸습니다. 텐트 안에 있던 사람들이 하나둘 밖으로 나왔습니다.

"아니, 이 밤에 무슨 소리죠?"

"그러게요."

알고 보니 놀러 온 대학생들이 생일 파티를 한다며 폭죽을 마구 터뜨린 것이었습니다. 몇몇 어른들이 다가가 학생들에게 주의를 주었습니다.

"텐트가 많이 있는 캠핑장에서 폭죽을 터뜨리면 불씨가 옮겨 붙어서 불이 날 수 있다는 걸 모릅니까?"

"아까 불이 날 뻔한 사고가 있었는데, 또다시 위험한 행동을 하면 어떡해요?"

대학생들은 미처 생각을 못했다며 바로 사과했습니다.

그날 밤, 텐트 안에 누운 민구네 가족은 잠들기 전, 이야기를

나누었습니다. 오늘 아침 캠핑장에 올 때부터 조금 전 일까지 정말 많은 일들이 있었던 하루였습니다.

"민구야, 오늘 많은 걸 배웠지?"

"네, 집 밖에서도 늘 조심해야 한다는 걸 알았어요."

"나두요!"

"우리 민구, 민지 다 컸네!"
 엄마가 민구의 머리를, 아빠가 민지의 볼을 쓰다듬어 주었습니다. 민구와 민지는 엄마와 아빠 품에서 편안히 잠이 들었습니다.

안전이 최고야!

🌱 문제를 잘 보고 알맞은 곳에 스티커를 붙여 보세요.

1 산에 갈 때 챙겨 가야 할 것은 무엇일까요?

㉮ 목이 마를 수 있으니 물은 꼭 챙겨요.

㉯ 추울 때, 불을 붙여야 하니까 라이터를 가져가요.

2 달리는 차에서 창문을 열 때 조심해야 하나요?

㉮ 차 안은 안전하니 무엇이든 해도 되요.

㉯ 위험한 물건이 날아올 수 있으니 늘 주의해요.

3 야외에서 불이 나면 어떻게 해야 할까요?

㉮ 119에 전화하거나, 주위에 있는 어른들에게 알려요.

㉯ 급하니까 옷이라도 휘둘러서 불을 꺼요.

4 캠핑장에서 폭죽놀이가 하고 싶다면 어떻게 해야 할까요?

㉮ 여기저기 뛰어다니며 마음껏 폭죽을 터트려요.

㉯ 부모님이나 관리자에게 물어봐요.

5 자동차에도 소화기가 필요할까요?

㉮ 자동차에는 아무 것도 두지 않는 것이 좋아요.

㉯ 사고 예방을 위해 차량용 소화기를 넣어 두어요.

노경실 선생님의 '야외 화재 안전' 이야기

집 밖에서는 안전사고가 나는 경우가 아주 많아요. 특히 화재로 생기는 사고가 자주 나지요. 그런데 이런 사고는 사람들이 즐겁게 모여서 먹고 마시고, 웃고 떠들 때 더욱 자주 일어나지요. 과연 왜 그럴까요? 그건 바로 들뜬 마음에 신경을 쓰지 않아서예요. 그리고 '이쯤이야, 괜찮겠지'라는 안전 불감증 때문이기도 하지요. 그러므로 야외에서는 더욱더 안전사고에 조심해야 한다는 것 잊지 마세요.

정답 ① 가 나서 / ② 가 나서 / ③ 가 나서 / ④ 가 나서 / ⑤ 가 나서

전염병 안전

바이러스를 물리치자!

"엄마……."

승미가 한쪽 눈을 찡그리며 집에 돌아왔습니다. 눈 주위가 벌겋게 변해 있었습니다.

"왜 그래? 어디 아파?"

놀란 엄마가 황급히 책가방을 받아 들며 물었습니다.

"아니…… 눈이 너무 따가워서."

승미는 자꾸 두 눈을 껌뻑였습니다.

"어디 보자. 눈병이 났나?"

엄마는 승미를 데리고 병원에 갔습니다.

승미 눈을 본 의사 선생님은 걱정스러운 얼굴로 말했습니다.

"어쩌면 요즘 유행하는 바이러스일 수도 있어요. 일단 검사를 좀 해 봐야 할 것 같아요."

"네? 바이러스요?"

놀란 승미가 울먹이며 말했습니다.

"아직 확실하지 않으니까 너무 걱정 마라."

선생님은 승미의 체온을 재고, 이것저것 간단한 검사를 했습니다.

"다행히 체온도 정상이고 다른 문제도 없네요. 바이러스가 아니라 눈이 건조해서 그런 것 같아요. 안약을 넣고 이틀 정도 지나면 금방 나을 겁니다."

승미와 엄마의 얼굴에 그제야 빙그레 미소가 번졌습니다.

선생님이 승미에게 물었습니다.

"오늘 학교에서 손을 잘 씻었니?"

"아니요."

"왜?"

"쉬는 시간에 친구들과 노느라 바빴어요. 그리고 손이 더러

워질 일이 없었거든요."

"손에 뭐가 묻지 않아도 손은 항상 깨끗이 씻어야 해. 특히 요즘처럼 바이러스가 유행할 때는 반드시 손 씻기를 해야 한단다."

"손을 씻으면 바이러스가 없어지나요?"

승미가 고개를 갸웃거리며 물었습니다.

"물론이지. 눈에는 보이지 않지만 우리 손에 묻어 있던 바이러스가 눈, 코, 입으로 들어가서 전염이 될 수 있단다. 손을 깨끗이 씻으면 바이러스를 미리미리 예방할 수 있어."

승미는 선생님의 말을 듣고 깜짝 놀랐습니다. 바이러스가 그렇게 쉽게 전염될 수 있는지 몰랐기 때문입니다.

"손은 비누를 묻혀 30초 이상 구석구석 깨끗이 씻어야 한다는 거 알지?"

"네, 알아요. 학교에서 선생님이 가르쳐 주셨어요."

"자, 그럼 앞으로 손 깨끗이 씻기 약속할 수 있지?"

"네! 꼭 지킬게요."

선생님의 말에 승미가 활짝 웃으며 대답했습니다.

며칠 뒤, 바이러스 때문에 전국에 비상이 걸렸습니다. 바이러스가 퍼지면서 수많은 사람들이 감염된 것입니다.

"강력한 바이러스가 계속 번지고 있습니다! 모두 안전에 힘쓰십시오!"

긴급 뉴스를 전하는 아나운서의 표정이 굳어 있었습니다.

"승미야, 마스크 꼭 쓰고, 절대로 친구들과 모여서 이야기하면 안 돼. 알았지?"

엄마가 걱정스러운 얼굴로 말했습니다.

"네, 엄마."

학교에 들어갈 때는 열 체크를 하고, 손을 소독해야 했습니다. 그리고 학생은 물론 학교에 들어오는 모든 사람들이 마스크를 써야 했습니다.

"여러분 수업 시간에도 마스크를 벗지 마세요."

담임선생님이 주의를 주었습니다.

짝꿍 자리도 없어졌습니다. 모두 따로따로 앉게 되었습니다. 이것만이 아닙니다. 승미네 반은 원래 아침에 교실에서 만나면 서로 안아 주며 '좋은 아침!' 하고 인사를 나누었습니다. 하지만 이제는 손을 흔들며 인사해야 했습니다.

"선생님, 마스크 잠깐만 벗으면 안 돼요?"

"너무 답답해요."

몇몇 아이들이 짜증 난 목소리로 말했습니다.

"절대 안 돼요. 답답하고 힘들겠지만 참아야 해요. 여러분이 잘 지켜 주어야 바이러스가 꼼짝 못하고 사라질 거예요."

선생님의 말에 아이들은 힘들어도 꾹 참았습니다.

그런데 수업이 끝나고, 화장실에 가려던 유리가 울먹이며 말했습니다.

"선생님, 종철이가 내 마스크 뺏어서 장난쳐요!"

그러자 종철이도 억울하다는 듯 말했습니다.

"유리가 마스크 쓴 내 얼굴이 원숭이 같다고 놀렸단 말예요."

선생님은 두 아이 모두에게 주의를 주었습니다. 그리고 반 아이들에게 말했습니다.

"여러분, 바이러스가 사람을 공격하잖아요. 그런데 우리끼리 싸우면 될까요? 서로 도와주고 힘을 모아서 바이러스를 잘 이겨내야 해요. 우리 모두 함께 노력해야 바이러스를 물리칠

수 있어요."

선생님 말에 아이들이 고개를 끄덕였습니다.

바이러스 때문에 승미뿐만 아니라 아이들의 하루 모습이 많이 달라졌습니다. 그전에는 집에 오면 맛있는 간식을 먼저 먹을 때도 있었습니다. 하지만 이제는 집에 들어오면 무조건 손부터 씻었습니다. 양치질도 잊지 않았습니다. 주말이면 가족 나들이를 했는데 집에서 함께 하는 시간으로 바뀌었습니다. 개구쟁이 아이들은 교실에서 서로 장난을 치지 않았습니다.

승미는 달라진 일상이 낯설기도 하고 가끔은 짜증이 나기도 했습니다. 예전처럼 친구들과 모여 마음껏 웃고 떠들며 놀고 싶었습니다. 하지만 다시 친구들과 그런 시간을 보내기 위해서는 지금 이 시간이 꼭 필요하다는 것을 승미는 잘 알고 있었습니다. 함께 노력하고 함께 정해진 규칙을 잘 지켜야 다시 소중한 일상을 찾을 수 있다는 것을 알기에 승미와 친구들은 오늘도 마스크를 쓰고, 손을 씻고, 친구들과 놀고 싶은 마음을 꾹 참았습니다.

안전이 최고야!

🌱 문제를 잘 보고 알맞은 곳에 스티커를 붙여 보세요.

1 집에 오면 제일 먼저 무엇을 해야 할까요?

㉮ 화장실로 가 깨끗이 손을 씻어요.

㉯ 냉장고 문을 열고 맛있는 간식부터 먹어요.

2 마스크는 어떻게 사용해야 할까요?

㉮ 친한 친구와 바꿔 쓰거나 빌려줘도 되요.

㉯ 내 마스크는 나 혼자서만 해요.

3 마스크가 답답할 때는 어떻게 해야 할까요?

㉮ 집에 오기 전까지는 절대 벗지 않아요.

㉯ 답답하니까 턱에 걸쳐도 괜찮아요.

4 깨끗한 손 씻기는 무엇일까요?

㉮ 물로만 씻어도 충분히 깨끗해요.

㉯ 비누를 묻혀 30초 이상 흐르는 물에 씻어요.

5 몸에 이상이 있거나 아프면 어떻게 해야 할까요?

㉮ 부모님이 걱정하니까 아파도 꾹 참아요.

㉯ 부모님이나 선생님께 빨리 알려요.

 노경실 선생님의 '전염병 안전' 이야기

손을 다쳐서 피가 나거나 뜨거운 물에 데이면 바로 치료를 하지요. 하지만 바이러스는 눈에 보이지 않기 때문에 걸려도 잘 모를 수 있어요. 또, 새로운 바이러스가 생기면 치료할 약(백신)을 만드는 시간이 필요해요. 아주 오랜 시간이 걸릴 수도 있지요. 그 시간 동안 수많은 사람들이 감염될 수 있어요. 그러므로 밖에 나가야 할 때는 반드시 마스크를 쓰고, 집에 돌아오면 깨끗이 손을 씻어야 해요. 우리 모두 기본을 잘 지킬 때, 바이러스를 물리칠 수 있어요!

정답 ❶ 가 아니오 ❷ 가 아니오 ❸ 가 이오 ❹ 나 이오 ❺ 나 이오

실내 화재와 소화기 안전

작은 일부터 조심조심

"어휴, 더워!"

친구들과 축구를 하고 집에 온 병수는 온몸이 땀에 젖었습니다. 엄마가 집에 없는 것을 확인한 병수는 얼른 에어컨부터 켰습니다. 그리고 에어컨 바람을 가장 세게 맞춰 놓고, 선풍기까지 가져와 켰습니다. 선풍기도 가장 강한 바람이 나오는 버튼을 눌렀습니다. 거실 안은 금세 시원한 공기로 바뀌었습니다.

"으아, 시원하다!"

엄마는 전기를 아껴야 한다며 아주 더울 때 말고는 에어컨을 잘 틀지 않습니다. 평소에도 에어컨 전원 코드는 아예 빼놓을

정도입니다. 더위를 많이 타는 병수는 그게 늘 불만이었습니다. 그래서 엄마가 없을 때면 병수는 마음껏 에어컨 바람을 즐겼습니다.

소파에 누운 병수 몸에서 땀 냄새가 폴폴 났습니다. 더위가 어느 정도 가시자, 병수는 부엌으로 가 시원한 물을 한 잔 마시고, 샤워 준비를 했습니다.

그때, 병수의 눈에 식탁에 놓인 작은 향초가 들어왔습니다.

"그래, 향초를 켜 놓으면 좋은 냄새가 날 거야."

병수는 향초에 불을 붙이고, 선풍기 바람을 피해 창문 옆 작은 테이블에 올려 두었습니다. 그리고 욕실로 들어가 샤워를 했습니다. 온몸의 열기가 가라앉으며 더위도 금세 사라졌습니다.

샤워를 마친 병수는 수건으로 머리카락을 닦으며 거실로 나왔습니다. 병수가 샤워를 하는 동안 거실은 냉장고처럼 시원해졌습니다.

"와! 냉장고가 따로 없네! 아우, 추워!"

그때였습니다. 현관문 여는 소리가 들렸습니다.

'앗, 엄마다!'

병수는 엄마한테 혼날까 봐 황급히 콘센트가 있는 곳으로 갔습니다. 그리고 있는 힘을 다해 에어컨 전원 줄을 잡아당겼습니다.

그때였습니다.

"으악!"

에어컨 줄에 맞은 향초가 테이블 아래로 떨어지며 창문 커튼에 불이 붙었습니다.

"병수야! 왜 그래?"

깜짝 놀란 엄마가 신발을 벗어 던지며 거실로 뛰어 들어왔습니다. 그리고 병수가 들고 있던 젖은 수건을 내리쳐 불길을 잡았습니다.

너무 놀라 뒤로 넘어진 병수는 그 자리에서 꼼짝도 하지 않았습니다. 엄마는 이리저리 병수부터 살폈습니다. 그리고 나동그라진 향초와 검게 그을린 커튼을 발견했습니다. 다행히 병수는 다친 곳이 없었습니다.

"병수야……."

병수가 그제야 엄마를 보며 울음을 터뜨렸습니다.

"병수야, 엄마가 혼자 있을 때는 절대 불을 사용하면 안 된다고 했지?"

병수는 울음을 삼키며 고개를 끄덕였습니다.

"오늘 좋은 교훈을 얻은 거야. 다행히 큰불이 아니었지만 작은 불이 금세 큰불이 될 수 있단다. 늘 작은 것부터 조심하는 게 중요해. 알겠지?"

"네……."

병수가 울먹이며 대답했습니다. 엄마는 놀란 병수를 꼭 안아 주었습니다.

"그런데 병수야, 집이 냉장고처럼 시원하네?"

엄마가 웃으며 병수를 바라보았습니다. 병수는 아무 말도 하지 못하고 엄마 품에 얼굴을 쏙 묻었습니다.

오늘은 세미의 생일입니다. 친구들이 하나둘 세미네 집에 모였습니다. 아이들은 맛있는 음식이 가득 놓인 식탁에 둘러앉았습니다.

세미 엄마가 생일 케이크에 빨강, 파랑, 분홍, 노랑 등 색색의

초를 꽂고 불을 붙였습니다. 친구들이 세미를 위한 생일 축하 노래를 불렀습니다.

"세미야, 축하해!"

"고마워, 친구야!"

친구들이 준비해 온 선물을 세미에게 주었습니다.

생일잔치가 끝나고 아이들이 집에 갈 준비를 할 때였습니다.

"세미야, 이 초 내가 가져도 돼? 너무 예뻐서."

지영이가 식탁 한쪽에 놓인 초를 보며 물었습니다.

"그래, 가져가."

지영이는 알록달록한 초들을 종이에 싸서 가방 안에 넣었습니다. 제과점에서 주는 기다란 성냥개비도 챙겼습니다.

지영이는 같은 아파트에 사는 마리와 함께 집으로 돌아갔습니다. 아파트 입구에 도착했을 때, 지영이가 마리를 보며 말했습니다.

"마리야, 우리 집에 가서 파티하자."

"무슨 파티?"

"오늘 우리 강아지 코코 생일이야. 아까 세미네 집에서 남은

초를 가져왔거든."

"그랬구나. 좋아!"

지영이네 강아지 코코는 흰색 털이 예쁜 푸들입니다. 두 아이는 코코를 데리고 지영이 방에서 생일 파티를 했습니다. 종이에 초코파이를 쌓고 그 위에 초를 꽂았습니다.

"코코는 세 살이니까 초도 세 개!"

신이 난 지영이는 초를 꽂고 성냥개비로 불을 붙였습니다.

그리고 두 아이가 함께 생일 축하 노래를 불렀습니다. 그러자 신이 난 코코가 촛불을 향해 마구 짖어 대더니 방 안을 이리저리 뛰기 시작했습니다.

"코코야! 안 돼!"

지영이가 코코를 잡으려다가 초가 쓰러지며 종이에 불이 붙었습니다.

"엄마야!"

"멍멍! 멍멍!"

놀란 아이들이 문을 열고 거실로 뛰쳐나왔습니다. 코코도 따라 달려나왔습니다.

깜짝 놀란 지영이 엄마가 현관에 있는 소화기를 들고 와 단번에 불을 껐습니다. 다행히 불은 크게 번지지 않았습니다. 아이들도 코코도 다친 곳은 없었습니다.

엄마는 방을 깨끗하게 정리한 다음, 두 아이를 앉혀 놓고 불이 얼마나 위험한지 이야기해 주었습니다. 그리고 소화기의 중요성과 사용법도 차근차근 설명해 주었습니다.

지영이와 마리는 무심코 지나치곤 했던 소화기가 왜 필요한지, 왜 미리미리 준비해 두어야 하는지도 알게 되었습니다.

"애들아, 실내에서는 특히, 불조심을 해야 해. 그리고 오늘처럼 절대로 너희들끼리 불을 사용하면 안 돼. 알았지?"

"네!"

지영이와 마리가 큰 소리로 대답했습니다.

안전이 최고야!

🌱 문제를 잘 보고 알맞은 곳에 스티커를 붙여 보세요.

1 전기 코드는 어떻게 빼는 게 좋을까요?

㉮ 전깃줄을 잡고 당기면 편해요.

㉯ 물기 없는 손으로 플러그를 잡고 빼요.

2 초나 성냥으로 장난을 해도 될까요?

㉮ 불이 나거나 다칠 수 있기 때문에 절대 안 돼요.

㉯ 호기심으로 한 번 쯤은 해 봐도 돼요.

3 실내에서 소화기가 꼭 필요할까요?

㉮ 집은 안전하니까 괜찮아요.

㉯ 화재 예방을 위해 꼭 준비해 두어요.

4 소화기 사용법을 알아 두어야 할까요?

㉮ 혹시 모를 사고에 대비해 알아 두면 좋아요.

㉯ 어른들이 있으니까 배울 필요 없어요.

5 불이 났을 때, 옳은 행동은 무엇일까요?

㉮ 손으로 코와 입을 막고 빠르게 대피해요.

㉯ 무서우니까 장롱 안이나 책상 밑에 숨어요.

노경실 선생님의 '실내 화재와 소화기 안전' 이야기

찬바람이 불 때, 실내에 들어오면 따뜻해요. 비바람이 칠 때 집에 오면 너무나 포근하지요. 태풍이 불거나 천둥 번개가 칠 때도 실내에 있으면 안전하답니다. 하지만 실내라고 해서 언제나 안전한 것은 아니에요. 조심하지 않으면 실내에서도 언제 어디서든 사고가 날 수 있어요. 불이나 전기와 관련된 안전사고는 더욱더 주의를 기울여야 해요. 특히, 어린이들은 전기는 물론 가스 불이나 촛불 등 불 사용을 조심하고, 미리미리 소화기 사용법을 알아두는 게 필요해요.

정답 ① 나 차지 / ② 나 차지 / ③ 차지 나 / ④ 나 차지 / ⑤ 차지 나

테러 안전

우리나라를 지켜 주세요!

"엄마, 언제 비행기 타요?"

오늘은 동국이네 가족이 해외로 여행을 가는 날입니다. 동국이는 강아지처럼 이리저리 왔다 갔다 하며 엄마를 재촉했습니다. 형을 따라 동생 동민이도 춤을 추듯 이리 뛰고 저리 뛰었습니다.

드디어 비행기를 타기 위해 입국장에 들어온 동국이네는 설레는 마음으로 비행기 탈 시간을 기다렸습니다. 그런데 갑자기 동민이가 배가 아프다고 했습니다.

"아빠, 나 배 아파요. 화장실 갔다 올게요."

"그래, 아직 시간이 있으니까 천천히 다녀와. 동국아, 같이 갔다오렴."

아빠의 말에 동국이와 동민이는 함께 화장실로 갔습니다.

동민이가 일을 보는 동안 동국이는 세면대 앞에서 손을 씻으며 동민이를 기다렸습니다.

그때였습니다. 야구 모자를 쓰고, 검은색 옷을 입은 남자가 화장실로 들어오더니 주변을 두리번거리며 커다란 가방 하나를 쓰레기통 옆에 놓고는 도망치듯 밖으로 나가 버렸습니다.

"어? 아저씨!"

동국이가 급히 남자를 불렀습니다. 하지만 남자는 도망치듯 뒤도 돌아보지 않고 뛰어나갔습니다.

"아저씨!"

뒤따라 달려나간 동국이가 주변을 두리번거렸지만 남자는 이미 사라지고 난 뒤였습니다.

"형! 왜 그래?"

마침 화장실에서 나온 동민이가 어리둥절한 표정으로 물었습니다.

"어떤 아저씨가 화장실 안에 가방을 두고 사라졌어."

"화장실 쓰레기통 옆에 검은 가방 말하는 거야?"

"응, 이상해. 내가 불렀는데도 도망치듯이 가 버렸어."

동국이와 동민이는 엄마 아빠에게 화장실에서 있었던 일을 이야기했습니다.

순간, 엄마와 아빠의 얼굴이 굳어졌습니다.

"여보, 혹시 모르니 신고해야 하지 않겠어요?"

"그러는 게 좋겠어."

마침 공항에서 근무하는 공항 보안 요원이 지나가고 있었습니다. 아빠가 동국이를 데리고 보안 요원에게 달려갔습니다.

"잠깐만요!"

"왜 그러시죠?"

"말씀드릴 게 있어서요. 동국아, 네가 본 것을 자세히 말해 보렴."

아빠의 말에 동국이는 그림을 그리듯 조금 전 화장실에서 있었던 일을 자세히 이야기했습니다. 동국이의 이야기를 들은 보안 요원들은 무전기로 상황 보고를 하더니 동국이와 아빠의 이

름과 연락처도 메모해 두었습니다.

그리고 잠시 뒤, 마치 영화에서 보는 것과 같은 일들이 눈앞에 펼쳐졌습니다. 화장실 앞에 출입 금지 안내선이 설치되었습니다. 많은 경찰들이 화장실 앞으로 모였습니다. 훈련받은 탐지견도 함께였습니다.

동국이는 가슴이 떨리고 손에 땀이 났습니다. 무언가 심각한 일이 생긴 것만 같았습니다.

"아빠, 아까 그 아저씨가 나쁜 일을 저지른 거예요?"

"아직은 모르지만 혹시 무슨 일인지 모르니 확인을 해 보는 걸 거야."

아빠가 동국이의 마음을 안심시켜 주었습니다.

동국이네 가족은 비행기 시간 때문에 더는 지켜볼 수가 없었습니다.

그리고 동국이네는 여행지에서 한국 뉴스를 보게 되었습니다. 놀랍게도 공항에서 한 남자가 폭발물이 든 가방을 화장실에 두었고, 범인도 잡혔다는 소식이었습니다. 다행히 공항에 있던 어린 학생의 신고로 큰 사고를 막았고, 수많은 사람이 목

숨을 건졌다는 기사였습니다.

"동국아, 네가 정말 큰일을 했다."

아빠와 엄마가 동국이의 머리를 쓰다듬어 주었습니다.

"와! 우리 형 정말 멋지다!"

동민이도 덩달아 신이 나서 외쳤습니다.

동국이는 어리둥절하기도 하고 신기하면서도 왠지 뿌듯한 마음이 들었습니다.

다음 날, 동국이네는 더욱 즐거운 마음으로 여행을 했습니다.

유명한 관광지라서 그런지 거리는 세계 각국에서 온 사람들로 붐볐습니다.

"애들아, 엄마랑 아빠 옆에 꼭 붙어 다니렴. 여기는 한국이 아니라 한국말이 통하지 않으니까 더 조심해야 해."

아빠가 단단히 주의를 주었습니다.

"네!"

동국이와 동민이는 설레는 마음에 큰 소리로 대답했습니다.

하지만 얼마 지나지 않아 구경에 신이 난 동국이와 동민이는 점점 아빠, 엄마와 멀어졌습니다. 그때였습니다.

"으악! 엄마! 아빠!"

턱수염이 잔뜩 난 키 큰 외국 남자가 동국이의 팔을 강제로 잡아당기고 있었습니다.

옆에 있던 동민이가 동국이 손을 꼭 잡았습니다. 그리고 엄마와 아빠를 소리쳐 불렀습니다.

놀란 엄마와 아빠가 뛰어오고, 마침 관광지를 순찰하던 경찰들이 달려오자 남자는 황급히 달아났습니다. 놀란 동국이는 얼굴이 하얗게 질려 있었습니다. 조금만 늦었다면 무슨 일이 생겼을지 모를 위험한 순간이었습니다.

동국이가 울음을 터뜨리자, 옆에 있던 동민이도 따라 울었습니다.

동국이의 손을 꼭 붙잡고 있던 동민이도 함께 놀랐던 것입니다. 하지만 형을 놓치면 안 된다는 생각에 무서움도 꾹 참았습니다.

"애들아, 엄마랑 아빠가 옆에 꼭 붙어 있으라고 했잖아. 별일 없었으니 다행이다."

엄마와 아빠는 동국이와 동민이를 꼭 안아 주었습니다.

동국이와 동민이는 특히, 해외에서는 위험한 일이 언제든 생길 수 있다는 것을 깨닫게 되었습니다. 그리고 앞으로는 엄마, 아빠와 꼭 함께하기로 약속했습니다.

그러나 그날 이후, 동국이는 한국으로 올 때까지 밥도 제대로 먹지 못하고, 밖에도 잘 돌아다니지 못했습니다. 동민이도 무섭다며 엄마 옆에만 꼭 붙어 있었습니다.

동국이네는 남은 여행을 아쉽게 보낼 수밖에 없었습니다. 하지만 여행을 마치고 한국에 돌아온 동국이네 가족에게 기쁜 소식이 전해졌습니다.

동국이가 공항에서 폭발물을 발견하여 신고한 일로 경찰서에서 주는 큰 상을 받게 되었다는 소식이었습니다.

"형! 역시 우리나라도 최고! 형도 최고야!"

한국에 돌아오자 다시 활기를 되찾은 동민이도 엄지손가락을 들어 보이며 웃었습니다.

밝게 웃는 동국이와 동민이의 모습을 엄마, 아빠가 흐뭇하게 바라보았습니다.

안전이 최고야!

🌱 문제를 잘 보고 알맞은 곳에 스티커를 붙여 보세요.

1 공공장소에서 이상한 물건을 발견하면 어떻게 해야 할까요?

㉮ 위험한 물건인지 열어서 살펴봐요.

㉯ 주위 어른들이나 경찰서에 신고해요.

2 낯선 곳에 여행을 가면 어떻게 해야 할까요?

㉮ 한눈팔지 않고 부모님이나 선생님과 함께 다녀요.

㉯ 신기한 것이 많으니까 마음대로 돌아다녀요.

3 학교 주변에서 이상한 사람을 보면 어떻게 해야 할까요?

㉮ 몰래 따라가 보아요.

㉯ 선생님한테 알려요.

4. 만약 가스가 유출되면 어떻게 해야 할까요?

㉮ 손수건이나 마스크로 입과 코를 막고 침착하게 대피해요.

㉯ 창문을 꼭꼭 닫고 숨어요.

5. 모르는 사람이 수상한 상자를 주면 어떻게 해야 할까요?

㉮ 받지 말고 부모님이나 선생님께 말해요.

㉯ 궁금하니까 일단 받아서 확인해요.

노경실 선생님의 '테러 안전' 이야기

폭력을 써서 상대편을 위협하거나 공포에 빠뜨리고 생명을 빼앗는 행위를 테러라고 해요. 테러는 어린아이라고 봐주는 일이 없어요. 세계 여러 나라를 자유롭게 오고 가면서 테러의 위험이 더해지고 있어요. 잔인하고 무서운 테러의 위험에 대비하기 위해서는 사소한 일도 주의 깊게 살펴보는 것이 필요해요. 또한 위험한 상황이 생겼을 때, 당황하지 않고 침착하게 도움을 요청하는 것도 중요하답니다.

정답| ① 가 나 / ② 가 나 / ③ 가 나 / ④ 가 나 / ⑤ 가 나

Safe lifestyle to create a safe future

These days, why do we live in a more dangerous world despite the new technologies and high-tech products? The biggest reason is the social structure that is so complicated and moving insanely fast. It is really important to create a safe environment. Safety education is essential at home, at school, in the neighborhood, and at work. Among them, it is the most important to keep our own safety.

Safety is not kept by 'words' or 'thoughts'. 'Knowing the right thing', that is, we need knowledge. Do you remember the proverb, "I see as much as I know, I understand as much as I know?" Even in the case of safety, the situation is the same. As far as we know, we can keep our safety. So it's very dangerous to know roughly. We must have the right safety knowledge through books and education.

The 'Children's Safety Fairy Tales Series' tells children that keeping my body safe is: first, to protect my life and health, second, the first step in shaping my wonderful future. Also, it gives pleasure to our loved families and friends. I hope this book will be a good and friendly friend and teacher for the children's happy and safe life.